Impressum
Verlag: BABADADA GmbH, Nedderfeld 112 , 22529 Hamburg
Geschäftsführer / Verlagsleitung: Harald Hof
Druck: Books on Demand GmbH, In de Tarpen 42, 22848 Norderstedt

Imprint
Publisher: BABADADA GmbH, Nedderfeld 112 , 22529 Hamburg, Germany
Managing Director / Publishing direction: Harald Hof
Print: Books on Demand GmbH, In de Tarpen 42, 22848 Norderstedt, Germany

la escuela

ښوونځی

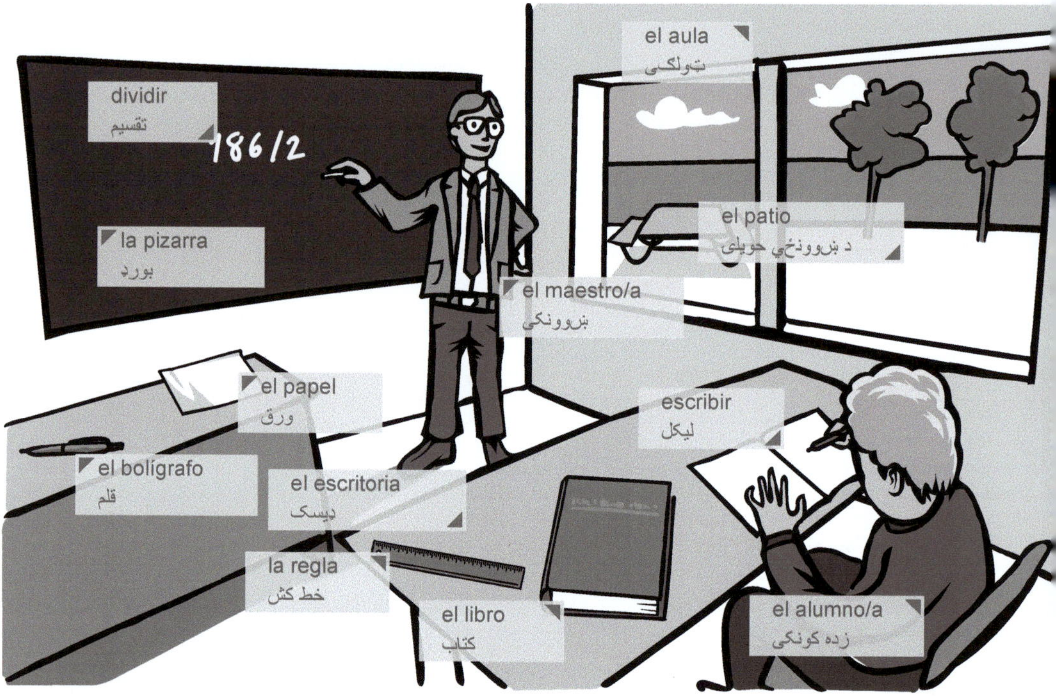

el aula
ټولګی
dividir
تقسیم
186/2
la pizarra
بورډ
el patio
د ښوونځي حویلی
el maestro/a
ښوونکی
el papel
ورق
escribir
لیکل
el bolígrafo
قلم
el escritoria
ډیسک
la regla
خط کش
el libro
کتاب
el alumno/a
زده کونکی

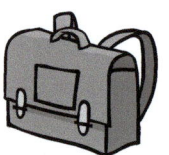

la cartera

کڅوړه

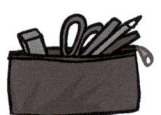

la caja de lápices

د پنسل بکسه

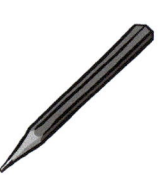

el lápiz

پنسل

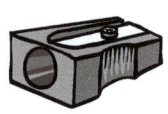

el sacapuntas

پنسل تراش

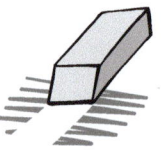

la goma de borrar

ربړ

el cuaderno de dibujo

د رسامی پاڼه

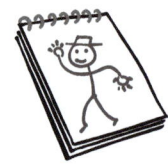

el dibujo

رسامي

el pincel

د نقاشی برس

la caja de pinturas

د نقاشی بکس

las tijeras

قیچي

el pegamento

سریش

el cuaderno de ejercicios

د تمرین کتاب

los deberes

کورنی دنده

el número

شمیر

sumar

جمع

restar

منفي

multiplicar

ضرب

calcular

حساب

la letra

توری

el alfabeto

الفبا

la palabra

کلمه

el texto

متن

leer

لوستل

la tiza

تباشير

la lección

درس

el cuaderno de notas

راجستر

el examen

ازموینه

el certificado

تصدیق پاڼه

el uniforme

د ښوونځي یونیفارم

la educación

تعلیم

la enciclopedia

دایره المعارف

la universidad

پوهنتون

el microscopio

مایکروسکوپ

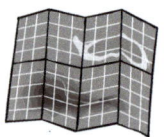

el mapa

نقشه

la papelera

اشغالدانی

el viaje

سفر

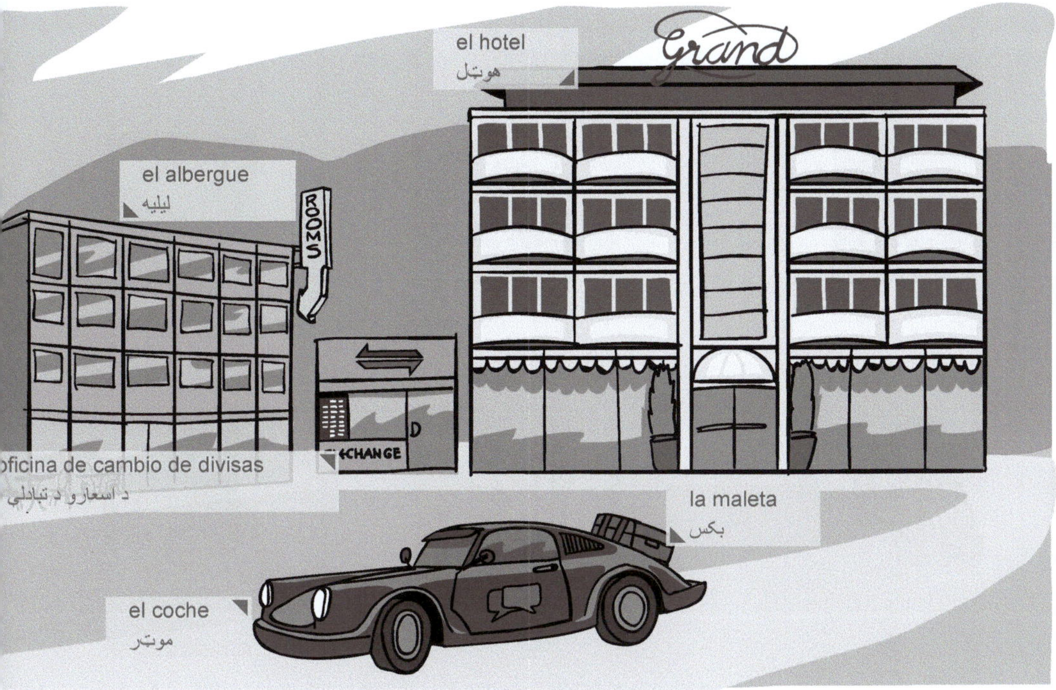
el hotel
هوټل
Grand
el albergue
ليليه
ROOMS
CHANGE
oficina de cambio de divisas
د اسعارو د تبادلې
la maleta
بکس
el coche
موټر

el idioma

ژبه

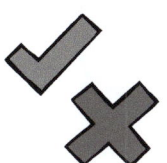

sí / no

هو/نه

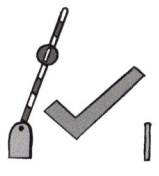

Vale

سمه ده

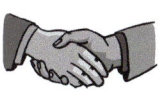

hola

سلام

el traductor

ژباړونکی

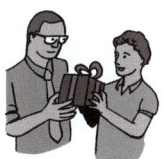

Gracias

مننه

¿cuánto es...?

څومره دي...؟

No entiendo

زه نه پوهيږم

el problema

ستونزه

¡Buenas tardes!

ماښام مو پخير!

¡Buenos días!

سهار په خير!

¡Buenas noches!

شپه په خير!

adiós

په مخه مو ښه

la dirección

لاربود

el equipaje

سامان

la bolsa

بيګ

la mochila

شاتنى بکس

el invitado

ميلمه

la habitación

خونه

el saco de dormir

د خوب کڅوړه

la tienda de campaña

خيمه

6

el viaje - سفر

la información turística

د توريزم معلومات

la playa

ساحل

la tarjeta de crédito

کریدیت کارت

el desayuno

ناری

el almuerzo

د غرمي خواړه

la cena

د شپې خواړه

el billete

ټیکټ

el ascensor

لفټ

el sello

مهر

la frontera

پوله

la aduana

ګمرک

la embajada

سفارت

la visa

ویزه

el pasaporte

پاسپورت

el transporte

ټرانسپورټ

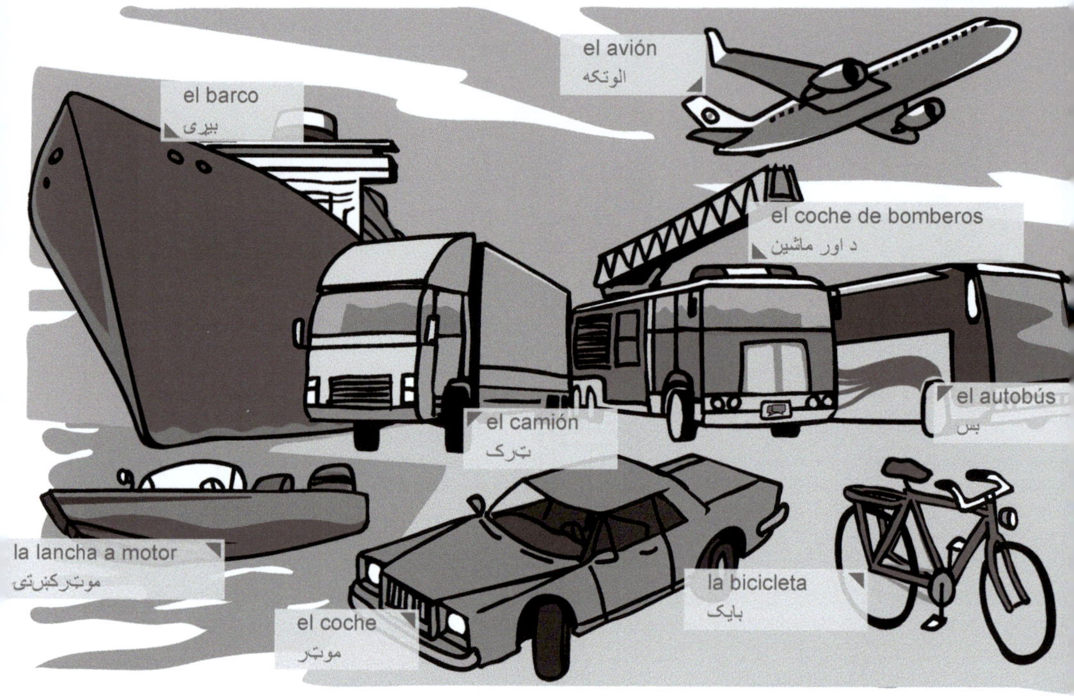

el avión
الوتکه
el barco
بیړۍ
el coche de bomberos
د اور ماشین
el autobús
بس
el camión
ټرک
la lancha a motor
موټرکښتۍ
la bicicleta
بایک
el coche
موټر

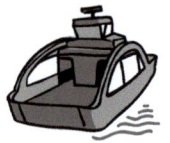

el transbordador
....
کښتۍ

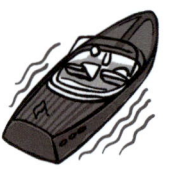

la barca
....
کښتۍ

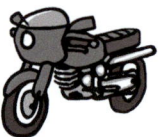

la moto
....
موټرسایکل

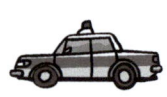

el coche de policía
....
د پولیسو موټر

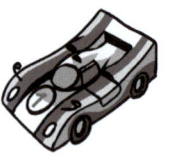

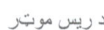

el coche de carreras
....
د ریس موټر

el coche de alquiler
....
کرایی موټر

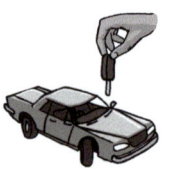

l préstamo de vehículos

د کرایه موټري

la grúa

جرثقيل لرونکی ټرک

el camión de la basura

ريفيوز ټرک

el motor

موټر

la gasolina

سونگ توکي

la gasolinera

پټرول ستيشن

la señal de tráfico

ترافيکي نښه

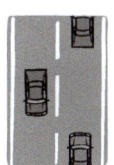

el tráfico

ترافيک

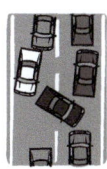

el atasco

جام ترافيک

el aparcamiento

د موټرو تمځای

la estación de tren

د ريل ستيشن

las vías

پاټکي

el tren

ريل

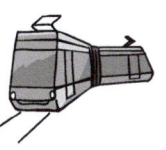

el tranvía

ټرام

el vagón

واګون

el helicóptero

چورلکه

el aeropuerto

هوايي ډګـر

la torre

برج

el pasajero

مسافر

el contenedor

کانټينر

la caja de cartón

کارتون

la carretilla

کارت

la cesta

ټوکری

despegar / aterrizar

الوتنه کول/کېنېناستل

la ciudad

ښار

el pueblo

کلی

el centro de la ciudad

د ښار مرکز

la casa

کور

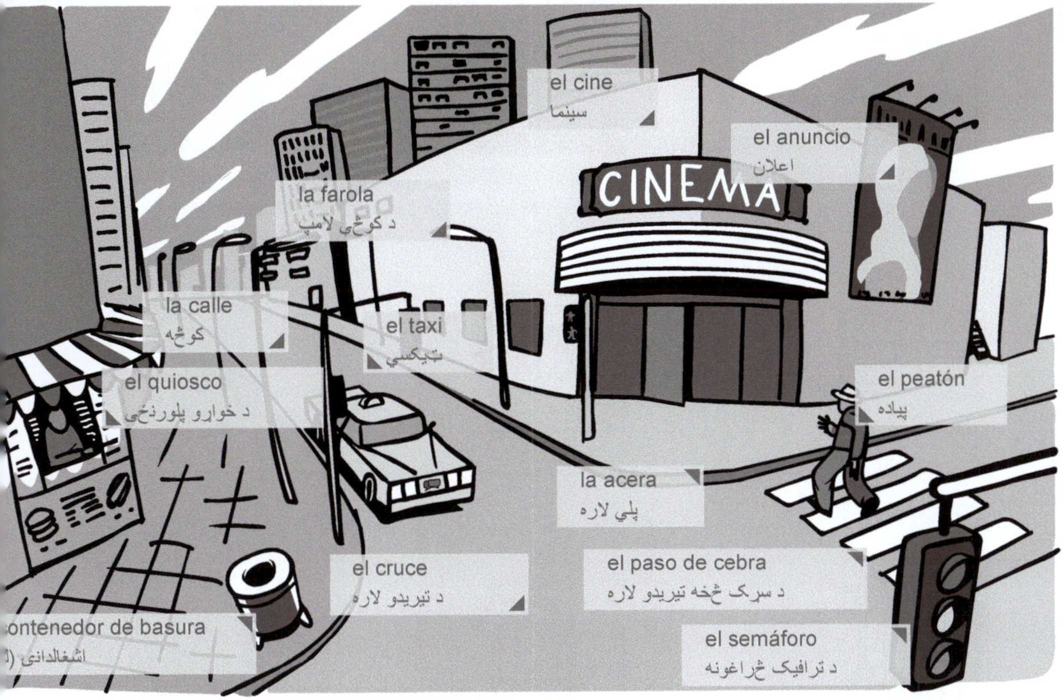

el cine
سينما

el anuncio
اعلان

la farola
د کوڅي لامپ

la calle
کوڅه

el taxi
ټیکسي

el quiosco
د خوارو پلورنځی

el peatón
پياده

la acera
پلي لاره

el cruce
د تیريدو لاره

el paso de cebra
د سرک څخه تیريدو لاره

ontenedor de basura
اشغالدانی (ا

el semáforo
د ترافیک څراغونه

la cabaña
کودله

el apartamento
اپارتمان

la estación de tren
د ریل سټیشن

el ayuntamiento
ټاون هال

el museo
میوزیم

la escuela
ښوونځی

la universidad

پوهنتون

el banco

بانک

el hospital

روغتون

el hotel

هوټل

la farmacia

درملتون

la oficina

دفتر

la librería

کتاب پلورنځی

la tienda de campaña

پلورنځی

la floristería

د گلانو پلورنځی

el supermercado

لوی پلورنځی

el mercado

مارکیت

los grandes almacenes

د دیپارټمنټ سټور

la pescadería

کب پلورنځی

el centro comercial

د پلور مرکز

el puerto

لنگرتون

el parque

پارک

el banco

بینچ

el puente

پل

las escaleras

زینه

el metro

د خُمکي لاندي

el túnel

تونل

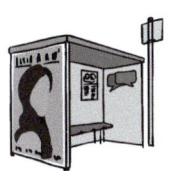

la parada de autobús

بس تمځای

el bar

بار

el restaurante

ریستورانت

el buzón

پوست بکس

el poste indicador

د کوڅي نښه

el parquímetro

د پارک کولو میټر

el zoo

ژوبڼ

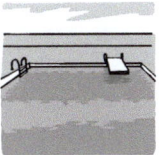

la piscina

د لامبو حوض

la mezquita

مسجد

la granja

كرونده

la contaminación

ناپاكي

el cementerio

هديره

la iglesia

چرچ

el patio de juego

د لوبو ډګر

el templo

معبد/كليسا

el paisaje

منظره

la hoja

پاڼه

la señal

د لارښوونې نښه

el camino

لاره

el prado

چمن

la piedra

كانړى

el excursionista

هيكر

el árbol

ونه

el río

سيند

la hierba

واښه

la flor

ګل

el valle

درہ

la colina

غونډۍ

el lago

ناور

el bosque

ځنګل

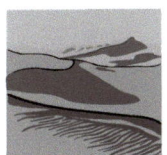

el desierto

دښته

el volcán

اورشیندی

el castillo

کلا

el arcoíris

رنګین کمان

el champiñón

مرخیړي

la palmera

پلم ونہ

el mosquito

ماشی

la mosca

الوتل

la hormiga

میږی

la abeja

مچۍ

la araña

غونډ/جولا

el escarabajo

کونگێز

la rana

چونگبره

la ardilla

نولی

el erizo

زیرکی

la liebre

سوی

la lechuza

کونگ

el pájaro

مرغی

el cisne

قازه

el jabalí

نرخوگ

el ciervo

هوسی

el alce

گاوزه

la presa

بند

la turbina eólica

بادي توربين

el panel solar

سولر تختی

el clima

اقلیم

el restaurante

ریسټورانټ

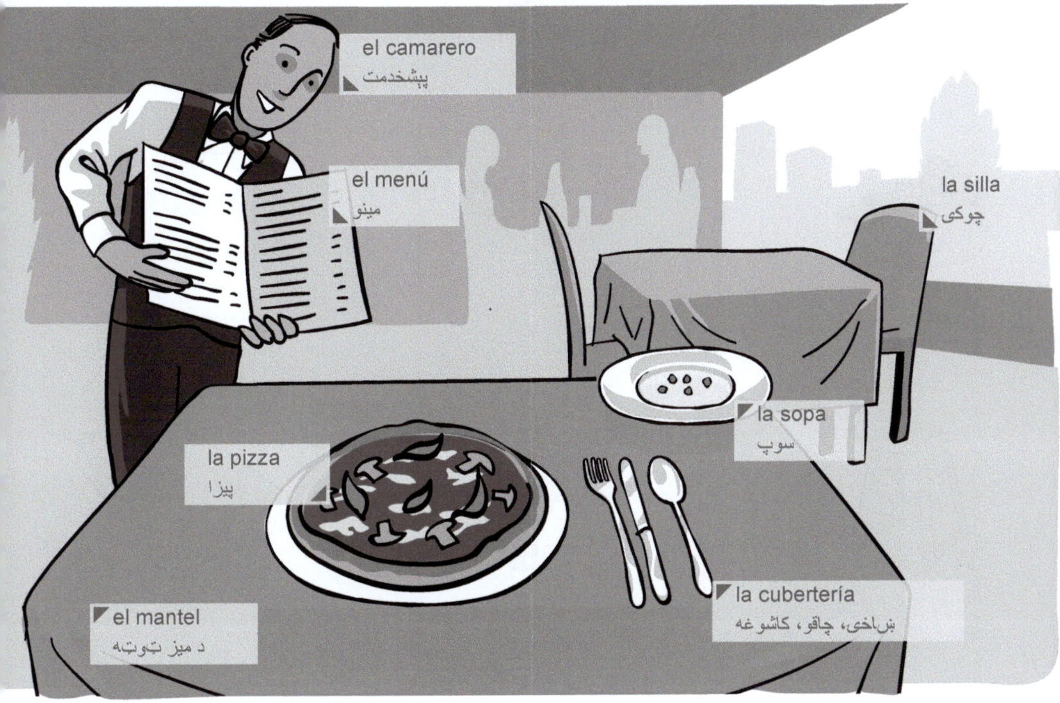
el camarero
پیشخدمت
el menú
مینو
la silla
چوکۍ
la sopa
سوپ
la pizza
پیزا
la cubertería
بڼاخۍ، چاقو، کاشوغه
el mantel
د میز ټوټه

el primer plato
....
سټارټر

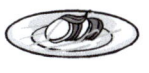

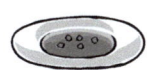

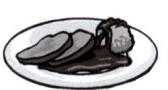

el plato principal
....
اصلي خواړه

el postre
....
شیرني

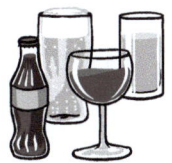

las bebidas
....
څښاک

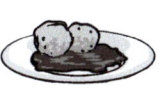

la comida
....
خواړه

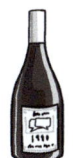

la botella
....
بوتل

la comida rápida

فاسټ فوډ

la comida callejera

د کوڅې خواړه

la tetera

چای جوش

el azucarero

قندانی

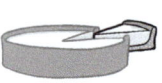

la porción

برخه

la cafetera expreso

اسپرسو مشین

la trona

لوړه چوکۍ

la cuenta

رسید

la bandeja

مجمه

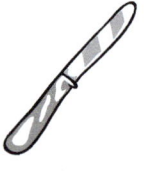

el cuchillo

چاکو

el tenedor

پنجه

la cuchara

قاشق

la cucharilla

چای قاشق

la servilleta

سرویت

el vaso

ګلاس

el plato

پلیټ

el plato hondo

د سوپ پلیټ

el platillo

نالبکی

la salsa

ساس

el salero

مالګه شیندونکی

el molinillo de pimienta

د مرچ ټکولو لوخی

el vinagre

سرکه

el aceite

غوړي

las especias

مساله

el ketchup

کچ اپ

la mostaza

شرشم

la mayonesa

چکه

el supermercado

لوی پلورنځی

la oferta especial
خانگړی وړاندیز
FOR
el cliente
پیرودونکی
los lácteos
لبنیات
la fruta
میوه
el carro de compra
لاسي ځرخ

BUTCHERS

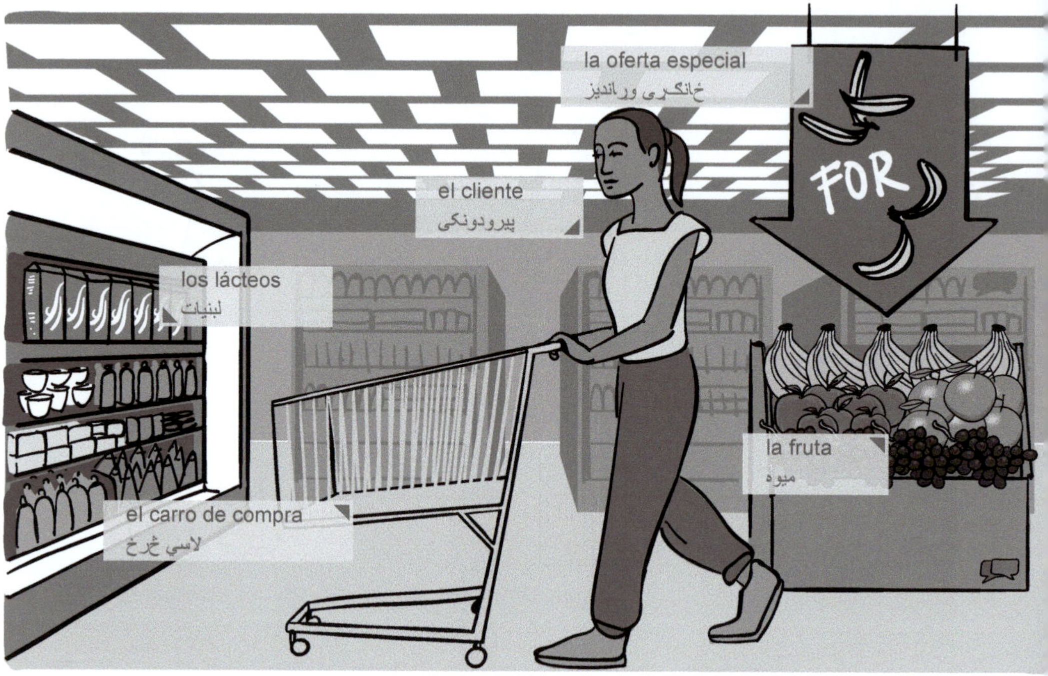

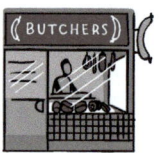

la carniceria

قصابي

BAKERY

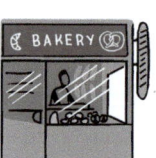

la panadería

نانوایی

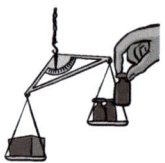

pesar

وزن کول

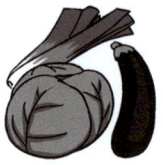

las verduras

سبزیجات

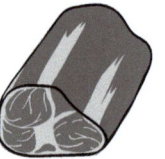

la carne

غوښه

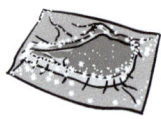

los alimentos congelados

کنګل خواره

los fiambres

يخه غوښه

las conservas

کنسروا خواړه

el detergente en polvo

د مينځلو پوډر

los dulces

شيريني

productos de uso doméstico

کورني توليدات

productos de limpieza

د پاکولو محصولات

la vendedora

د پلور فرد

la caja de cartón

د نغدي راجستر

el cajero

صراف

la lista de la compra

د پيرود ليست

el horario de atención al público

کاري ساعتونه

la cartera

بټوه

la tarjeta de crédito

کريډيت کارت

la bolsa de plástico

کڅوړه

la bolsa de plástico

پلاستيک کڅوړه

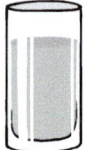

el agua

اوبه

el zumo

جوس

la leche

شيده

la cola

كوك

el vino

واين

la cerveza

بيره

el alcohol

الكول

el cacao

ككاو

el té

چای

el café

كافي

el expreso

اسپرسو

el capuchino

كپچينو

el plátano

كيله

la manzana

مڼه

la naranja

نارنج

el melón

هندوانه

el limón

ليمو

la zanahoria

گازره

el ajo

هوږه

el bambú

بانكس

la cebolla

پياز

el champiñón

مرخيړي

las avellanas

چغزى

los fideos

آش

las espagueti

سپيگټي

el arroz

وريجي

la ensalada

سلاد

las patatas fritas

چپس

las patatas fritas

سره کري کچالو

la pizza

پيزا

la hamburguesa

همبرگر

el sándwich

ساندويچ

el filete

کتره

el jamón

د پټون غوښه

le salami

سلمي

la salchicha

ساسچ

el pollo

چرک

el asado

روسټ

el pescado

کب

los copos de avena

د وربشي شیرني

el muesli

موسلي

los copos de maíz

د جوار پلی

la harina

اوړه

el cruasán

کروسانت

el panecillo

د ډوډی رول

el pan

ډوډی

la tostada

ټوسټ

las galletas

بسکیټ

la mantequilla

کوچ

la cuajada

چکه

el pastel

کیک

el huevo

هګۍ

el huevo frito

پېزي هګۍ

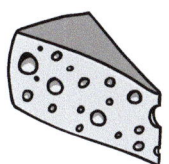

el queso

پنیر

el helado

آیس کریم

el azúcar

بوره

la miel

شهد

la mermelada

مربا

la crema de turrón

نوگات کریم

el curry

کورکمان

la granja
کرونده

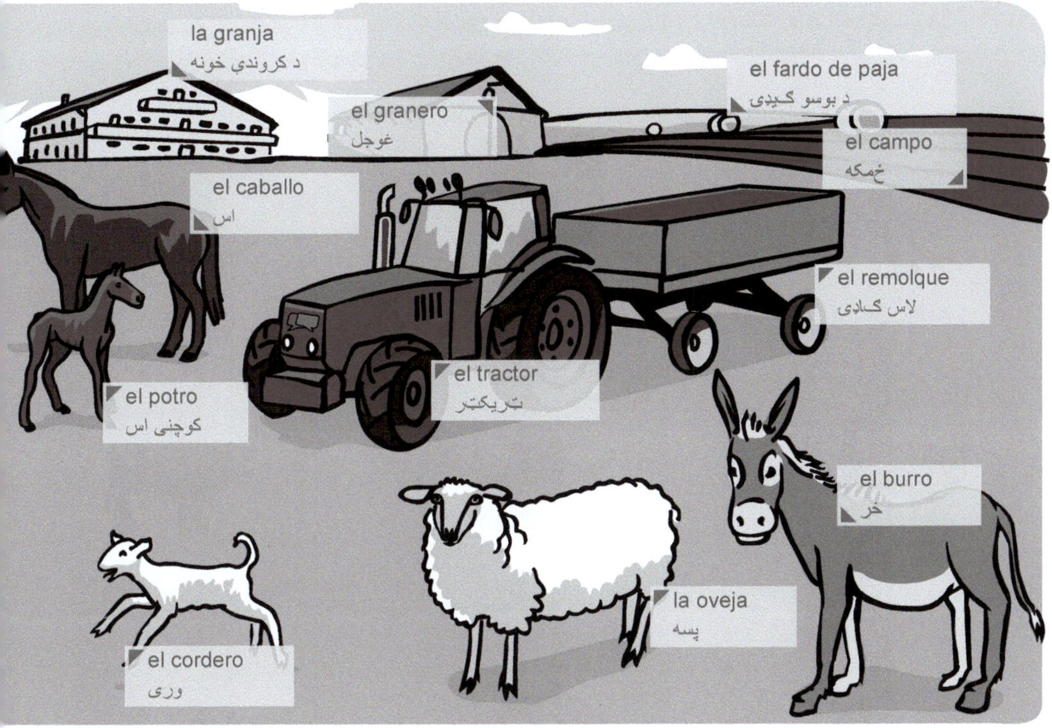

la granja
د کروندې خونه
el granero
غوجل
el fardo de paja
د بوسو ګیډۍ
el campo
ځمکه
el caballo
اس
el remolque
لاس ګاډی
el tractor
ټریکټر
el potro
کوچنی اس
el burro
خر
la oveja
پسه
el cordero
وری

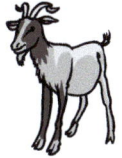

la cabra
....
وزه

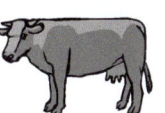

la vaca
....
غوا

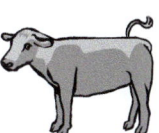

el ternero
....
خوسکی

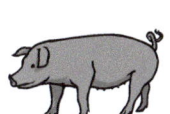

el cerdo
....
خوګ

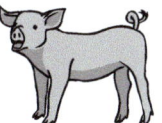

el cerdito
....
د خوګ بچی

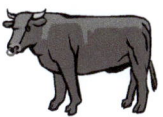

el toro
....
غویی

el ganso

بته

el pato

هيلی

el pollo

چرگوری

la gallina

چرگه

el gallo

بانگي

la rata

سارای موږک

el gato

پيشک

el ratón

موږک

el buey

غویی

el perro

سپی

la perrera

د سپي خونه

la manguera

د باغ هوز

la regadera

د اوبو لوخی

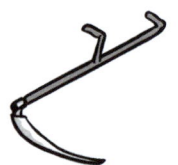

la guadaña

لور (داس)

el arado

یوی

la hoz
لور

la azada
رمبی

la horca
ښاخی

el hacha
تبر

la carretilla
کراچی

el abrevadero
ناوه

la lechera
د شیدو لوخی

el saco
جوال

la valla
کتّاره

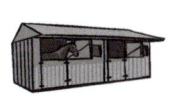

el establo
مضبوط

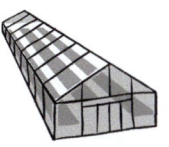

el invernadero
شنه خونه

el suelo
خاوره

la semilla
تخم

el fertilizador
سره/کود

la cosechadora
کـد ریبونکی ماشین

cosechar

زیرمه کول

la cosecha

درمند

el ñame

خواړه کچالو

el trigo

غنم

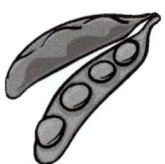

el soja

سویا

la patata

کچالو

el maíz

جوار

la semilla de colza

نباتي تخم

el árbol frutal

د میوي ونه

la mandioca

مانیوک

las cereales

غله

la casa

کور

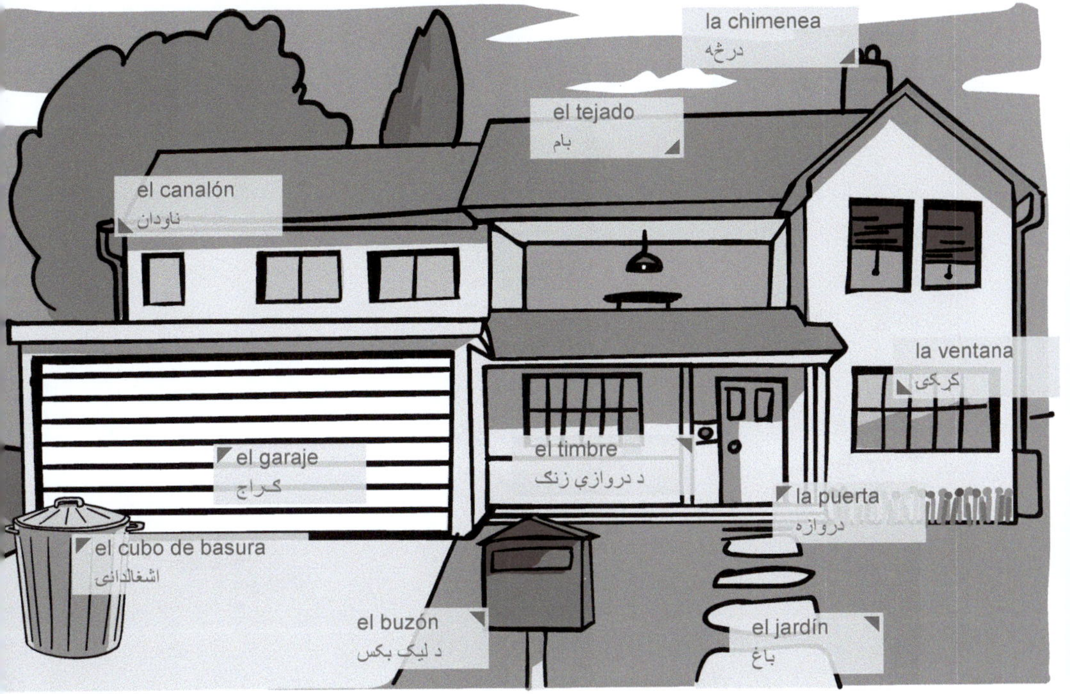

la chimenea
درخه
el tejado
بام
el canalón
ناودان
la ventana
کړکۍ
el garaje
گراج
el timbre
د دروازې زنګ
la puerta
دروازه
el cubo de basura
اشغالدانۍ
el buzón
د لیک بکس
el jardín
باغ

la sala

د اوسیدو خونه

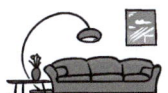

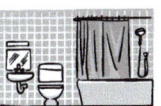

el cuarto de baño

حمام

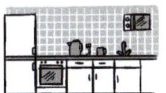

la cocina

پخلنځی

el dormitorio

د ویده کیدو خونه

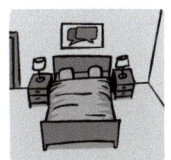

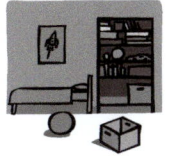

la habitación de los niños

د ماشوم خونه

el comedor

د خواړو خونه

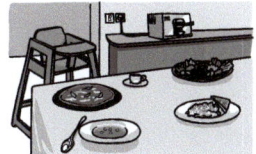

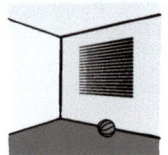

el suelo

فرش

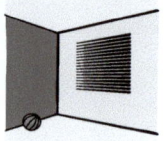

la pared

ديوال

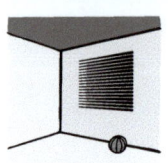

el techo

چت

el sótano

زيرخانه

la sauna

سونا

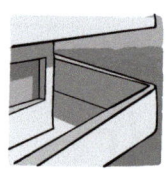

el balcón

بالكوني

la terraza

نټراس

la piscina

حوض

el cortacésped

د چمن وهلو ماشين

la sábana

شيت

la colcha

روجايی

la cama

تخت

la escoba

جارو

el balde

بوكه

el interruptor

سويچ

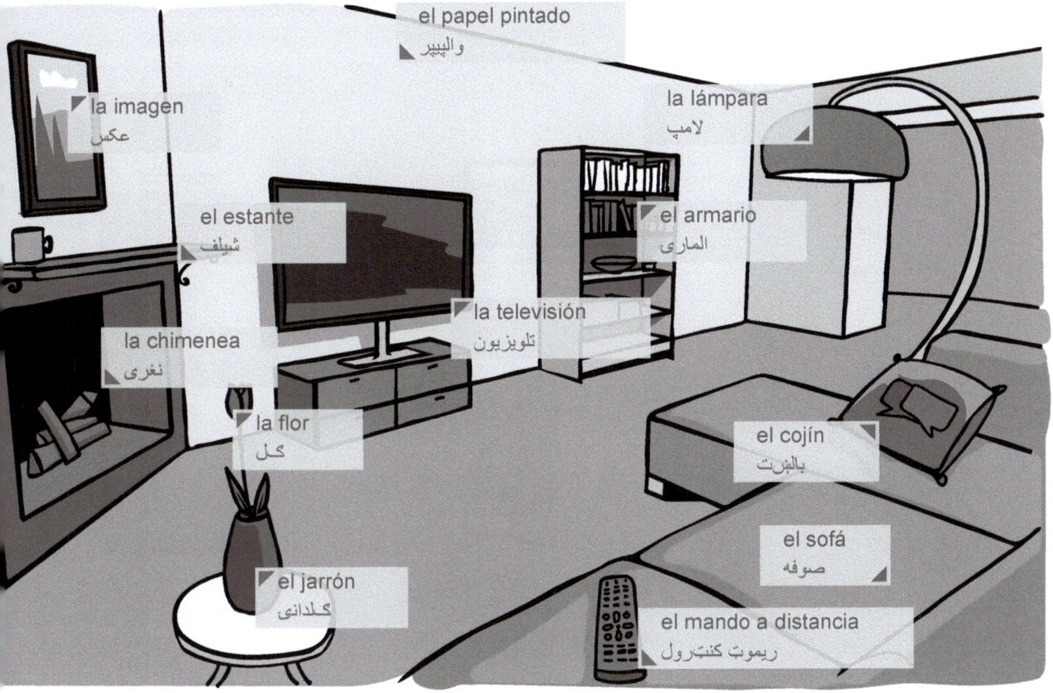

el papel pintado
والپيپر

la imagen
عکس

la lámpara
لامپ

el estante
شيلف

el armario
الماری

la chimenea
نغری

la televisión
تلويزيون

la flor
کل

el cojín
بالښت

el sofá
صوفه

el jarrón
کلدانی

el mando a distancia
ريموټ کنټرول

la alfombra
غالۍ

la cortina
پرده

la mesa
ميز

la silla
چوکۍ

el mecedora
تاويدونکي چوکۍ

la butaca
بازو لرونکی چوکۍ

el libro

كتاب

la manta

كمپل

la decoración

ديكوريشن

la leña

د اور لرګي

la película

فلم

el equipo de música

هايفاى

la llave

كلي

el periódico

ورځپانه

la pintura

نقاشي

el póster

پوسټر

la radio

راديو

el cuaderno

كتابچه

la aspiradora

واكيوم جارو

el cactus

كاكتوس

la vela

شمع

la cocina

پخلنځی

el refrigerador
فریج
el microondas
مایکرو ویو اون
la balnza de cocina
د پخلنځي تله
la tostadora
ټوستر
el detergente
مینځونکی
el horno
سټوو
el congelador
یخچال
el cubo de basura
اشغالدانی
el lavavajillas
د لوخو مینځونکی

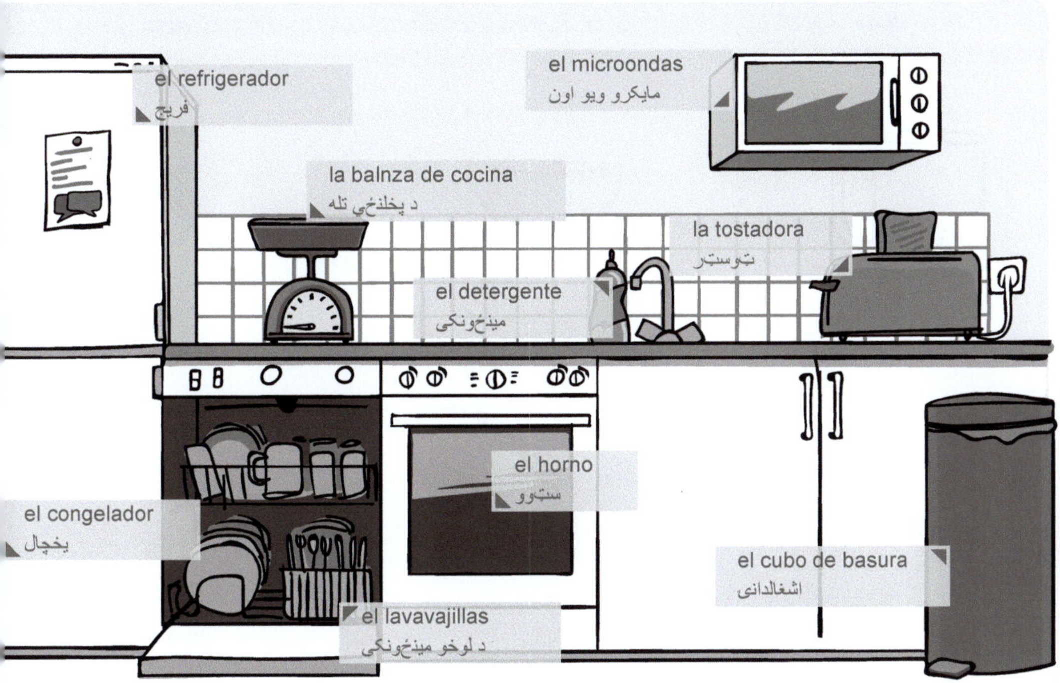

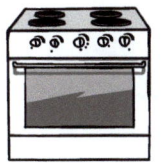

la olla a presión

دیگ بخار

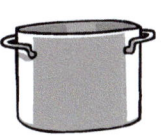

la olla

لوخی

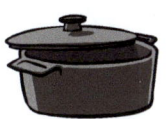

la olla de hierro fundido

چدني لوخی

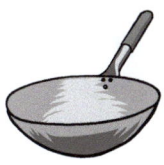

el wok

ووک

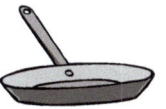

la cazuela

د تلي په

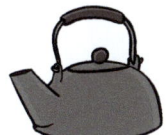

el hervidor

چای جوش

la vaporera

د بخار دیگ

la chapa de horno

پتنوس

la vajilla

لوخي

la taza

مګ

el tazón

كاسه

los palillos

د رانيولو اوزار

el cucharón

ټمچۍ

la espumadera

كفګير

el batidor

پاكونكى

el colador

صافي

el cedazo

غلبيل

el rallador

كريتر

el mortero

اونګ

la barbacoa

بار بي كيو

la hoguera

خلاص اور

la tabla de picar

تخته

el rodillo

هوارونکی

el sacacorchos

کارک سکريو

la lata

ټيم

el abrelatas

د ټيم خلاصونکی

el agarrador

د لوخي ټوټه

el lavabo

ظرف شوی

el cepillo

برس

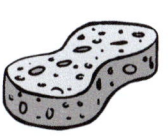

la esponja

سپنج

la batidora

بليندر

el congelador

ژور يخچال

el biberón

د ماشوم بوتل

el grifo

نل

el cuarto de baño

حمام

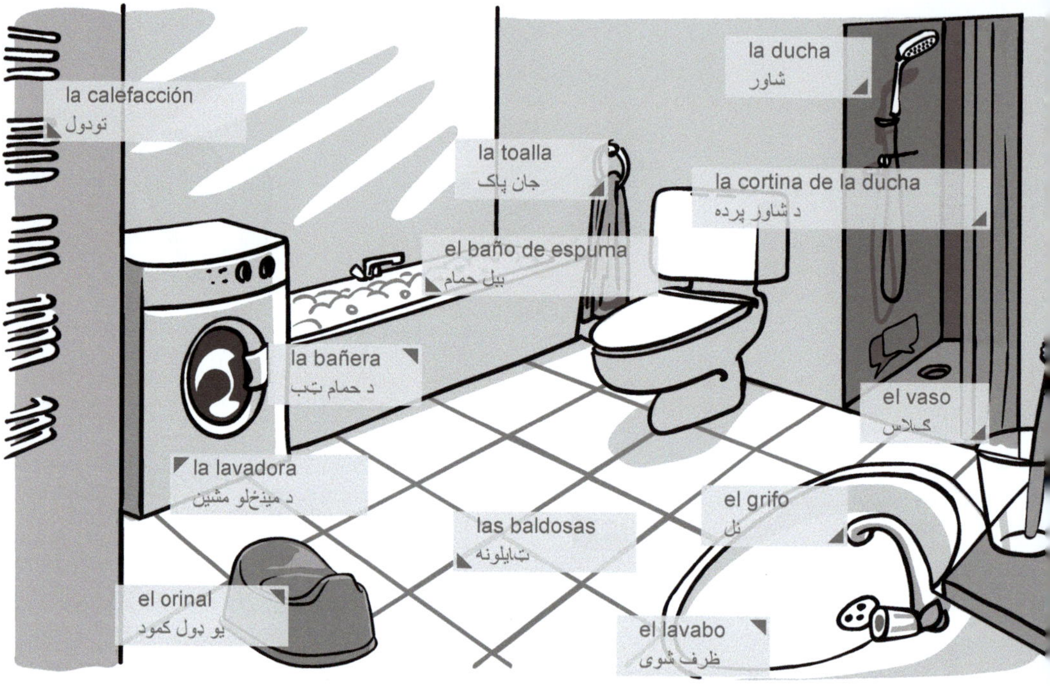
la calefacción
تودول
la ducha
شاور
la toalla
جان پاک
la cortina de la ducha
د شاور پرده
el baño de espuma
ببل حمام
la bañera
د حمام ټب
el vaso
گىلاس
la lavadora
د مينځلو مشين
el grifo
نل
las baldosas
ټايلونه
el orinal
يو ډول كمود
el lavabo
ظرف شوى

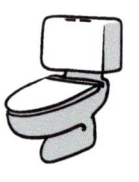

el inodoro

تشناب

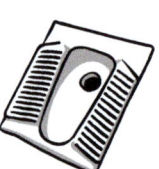

el inodoro rústico

فرشي كمود

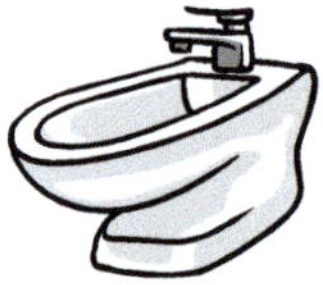

el bidé

كمود

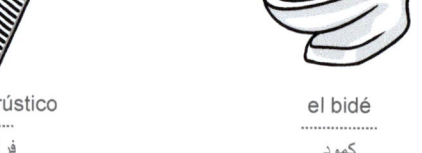

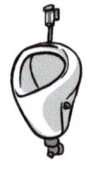

el urinario

د متيازو ځاى

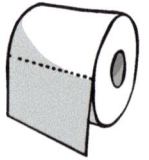

el papel higiénico

تشناب كاغذ

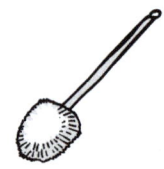

la escobilla del váter

د تشناب برس

el cepillo de dientes

د غاښونو برس

la pasta de dientes

د غاښونو کریم

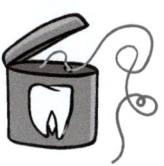

el hilo dental

د غاښونو نخ

lavar

مینځل

la ducha de mano

لاسي شاور

la ducha íntima

دوش

la pila

خانک

el cepillo de espalda

د شا برس

el jabón

صابون

el gel de ducha

د شاور ژل

el champú

شامپو

la toallita

فلانل جامه

el desagüe

وچول

la crema

کریم

el desodorante

سپږی

el espejo

آینه

el espejo de tocador

لاسي آینه

la maquinilla de afeitar

ریزر

la espuma de afeitar

د خریلو فوم

la loción postafeitado

د خریلو وروسته

el peine

ګمنخ

el cepillo

برس

el secador

د ویښتانو وچونکی

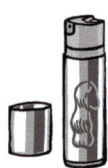

la laca

د ویښتانو سپری

el maquillaje

میک اپ

el pintalabios

لیپ سټیک

el pintauñas

د نوکانو پالش

el algodón

کاټن وری

el cortauñas

ناخن ګیر

el perfume

عطر

el estuche de viaje

د مينځلو كڅوړه

la banqueta

سټول

la balanza

د وزن كولو تله

el albornoz

د حمام پوښاک

los guantes de goma

د ربړ دستکش

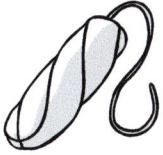

el tampón

تنامپون

la compresa

صحیی جان پاک

el inodoro químico

كيميكل تشناب

la habitación de los niños

د ماشوم خونه

el despertador
د الارم ساعت
el peluche
د لوبو وسایل
el coche de juguete
د نانځکي موټر
el sonajero
ريتبل
la casa de muñecas
د نانځکو خونه
el regalo
ډالی

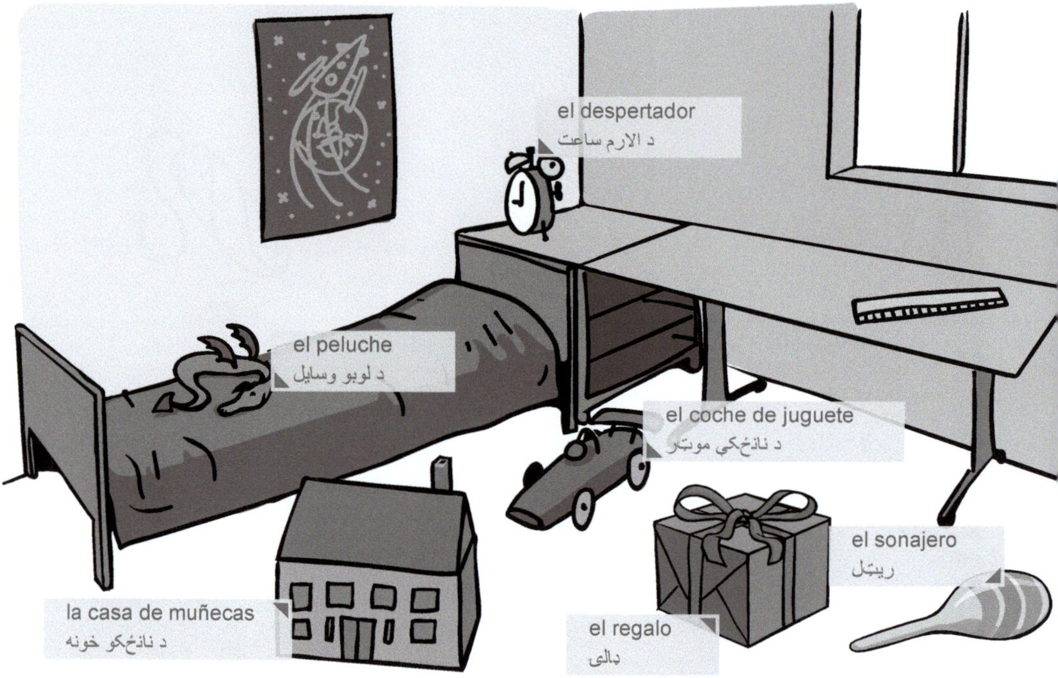

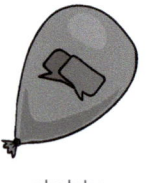

el globo

بالون

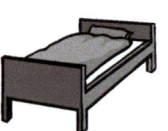

la cama

تخت

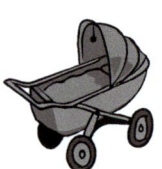

el coche de niño

کالسکه

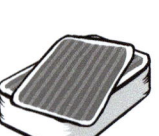

los naipes

د لوبو ورقي

el puzle

جيگسا

SUPER MEGA

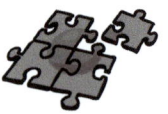

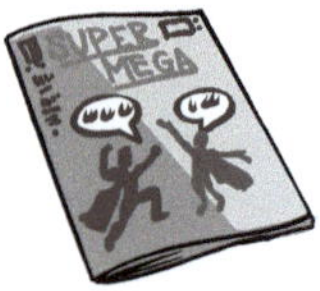

el tebeo

مسخره

las piezas de lego

ليګو بريک

los bloques de juguete

د ناڅکو بلاک

la figura de acción

د اكشن فيګور

el bodi (de bebé)

د ماشوم پوښاک

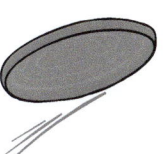

el frisbee

فريزبي

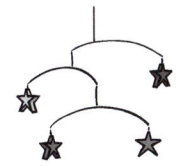

el colgador móvil para bebés

موبايل

el juego de mesa

بورډ لوبه

los dados

تاس

el circuito de tren eléctrico

مادل ريل سيټ

el maniquí

ګونګشى

la fiesta

پارتي

el álbum de fotos

د عكسونو البوم

la pelota

بال

la muñeca

ناڅكه

jugar

لوبيدل

el cajón de arena

د شګو کنده

el columpio

سوينګ

los juguetes

نازخکی

la videoconsola

د ويديو لوبو کنسول

el triciclo

نرای سايکل

el oso de peluche

ګوډيکه

la guardarropa

د کالو الماری

la ropa

پوښاک

los calcetines

جرابی

las medias

لوړي جرابی

los leotardos

نايتس

la bufanda
زروکی

el cinturón
کمربند

el paraguas
چتری

la camiseta
نیتي شرټ

las botas
بوټان

las zapatillas
سلیپر

las deportivas
سنیکر

las sandalias
سینډل

los zapatos
بوټان

las botas de goma
د ربړ بوټان

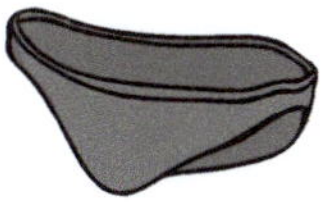

el slip
زیرنیکري

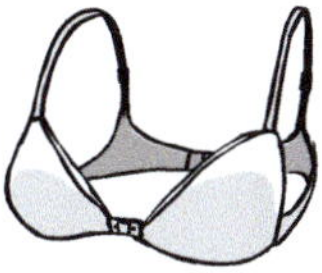

el sostén
سینه بند

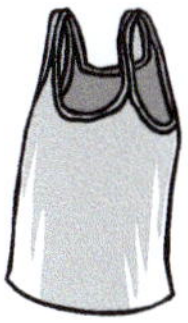

el chaleco
واسکټ

el bodi

بادي

los pantalones cortos

پتلون

los vaqueros

جينز

la falda

لمن

la blusa

بلاوز

la camisa

شرت

el jersey

بنيان

el suéter

سويتر

el blazer

بليزر

la chaqueta

جاكت

el abrigo

كوت

la gabardina

د باران كوت

el traje

پوښاک

el vestido

كالي

el vestido de novia

د واده پوښاک

el traje

دريشي

el camisón

د شپې پوښاک

el pijama

پاجامه

el sati

ساري

el bandana

لوپته

el turbante

پټکی

la burka

برقه

el caftán

كفتن

la abaya

عبا

el traje de baño

د لامبو پوښاک

el bañador

نیکر

los pantalones cortos

شارت

el chándal

د خُغاستی پوښاک

el delantal

پیش بند

los guantes

دستکش

el botón

بتن

las gafas

عینک

el brazalete

لاس بند

el collar

غاړه کۍ

el anillo

ګوتمه

el pendiente

غوږوالی

la gorra

خولۍ

la percha

کوټ بند

el sombrero

خولۍ

la corbata

نتایی

la cremallera

ځنځير

el casco

هیلمیټ

los tirantes

ترونکۍ

el uniforme

د ښروونځي يونيفارم

el uniforme

يونيفارم

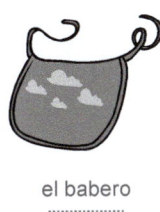

el babero

بيب

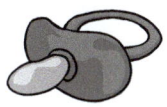

el maniquí

ګـونګـشی

el pañal

نيپي

la oficina

دفتر

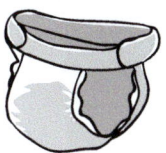

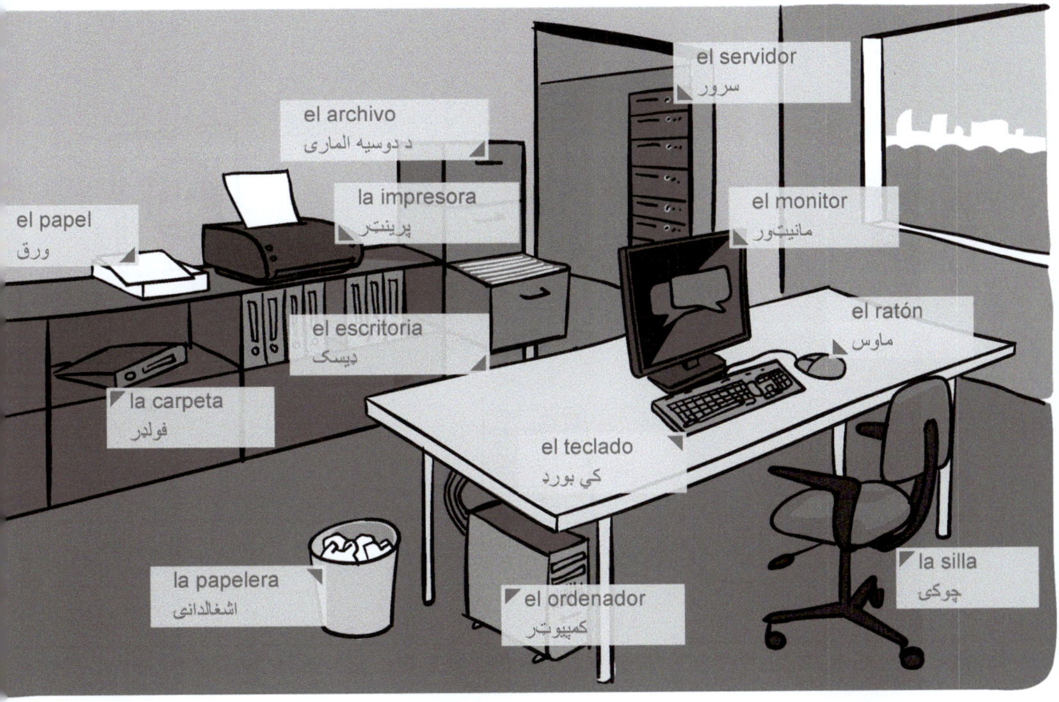

el servidor
سرور
el archivo
د دوسيه الماری
la impresora
پرينټر
el papel
ورق
el monitor
مانيټور
el ratón
ماوس
el escritoria
ډيسک
la carpeta
فولډر
el teclado
کي بورډ
la papelera
اشغالدانی
el ordenador
کمپيوټر
la silla
چوکی

la taza de café

د کافي پياله

la calculadora

کالکوليټر

el internet

انټرنيټ

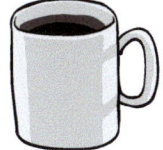

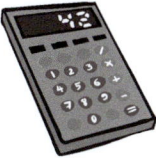

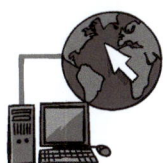

el portátil

لپ ٹاپ

la carta

لیک

el mensaje

پیغام

el móvil

موبائل

la red

نیٹورک

la fotocopiadora

فوٹوکاپیر

el software

سافٹویر

el teléfono

تلیفون

la toma de corriente

پلگ ساکٹ

el fax

فکس مشین

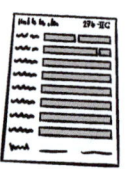

el formulario

فارم

el documento

سند

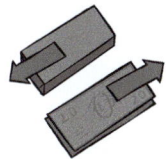

comprar

پېرل

pagar

تاديه کول

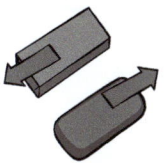

comerciar

سوداگري کول

el dinero

پيسي

el dólar

ډالر

el euro

يورو

el yen

ين

el rublo

ربل

el franco suizo

سويسي فرانک

el renminbi yuan

رينمينبي يوان

la rupia

روپۍ

el cajero automático

د نغدي پيسو ځای

la oficina de cambio de divisas

د اسعارو د تبادلي دفتر

el oro

سره زر

la plata

سپین زر

el petróleo

تیل

la energía

انرژي

el precio

نرخ

el contrato

قرارداد

el impuesto

ماليه

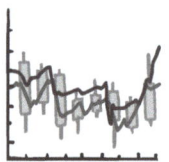

la acción

اسهام

trabajar

کار کول

el empleador

کارمند

el empleador

کار ګومارونکی

la fábrica

فابریکه

la tienda de campaña

پلورنځی

los oficios

مسلکونه

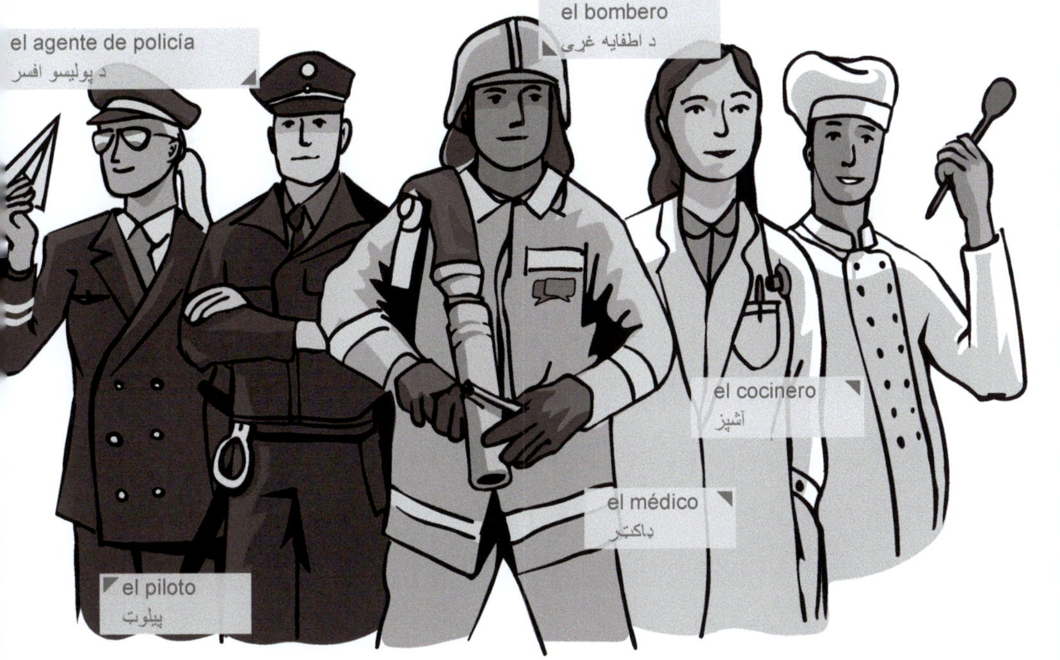
el agente de policía
د پولیسو افسر
el bombero
د اطفایه غړی
el cocinero
آشپز
el médico
ډاکټر
el piloto
پیلوټ

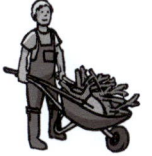

el jardinero

باغوان

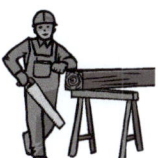

el carpintero

نجار

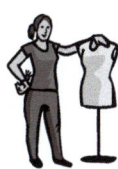

la costurera

خیاط

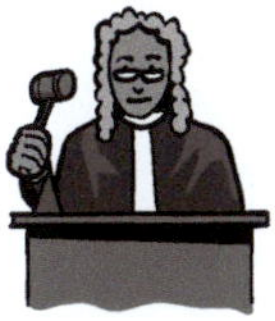

el juez

قاضي

el farmacéutico

کیمیا پوه

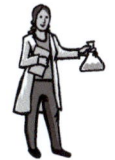

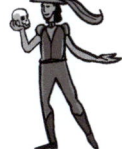

el actor

د فلم لوبغاړی

el conductor de autobús

د بس ډرایور

el taxista

د ټېکسي ډرایور

el pescador

کب نیونکی

la señora de la limpieza

خدمه

el techador

بام جوړونکی

el camarero

پیشخدمت

el cazador

ښکاري

el pintor

نقاش

el panadero

نانوا

el electricista

د برېښنا کارکونکی

el obrero

تعمیر جوړونکی

el ingeniero

انجنیر

el carnicero

قصاب

el fontanero

نلدوان

el cartero

پوست رسونکی

el soldado

سرتيرى

el arquitecto

مهندس

el cajero

صراف

el florista

ماليار

el peluquero

نايي

el revisor

كليندر

el mecánico

ميكانيك

el capitán

كپتان

el dentista

د غاښونو ډاكتر

el científico

ساينس پوه

el rabino

بش اغلى

el imán

امام

el monje

مذهبي نفر

el sacerdote

پادري

las herramientas

لوازم

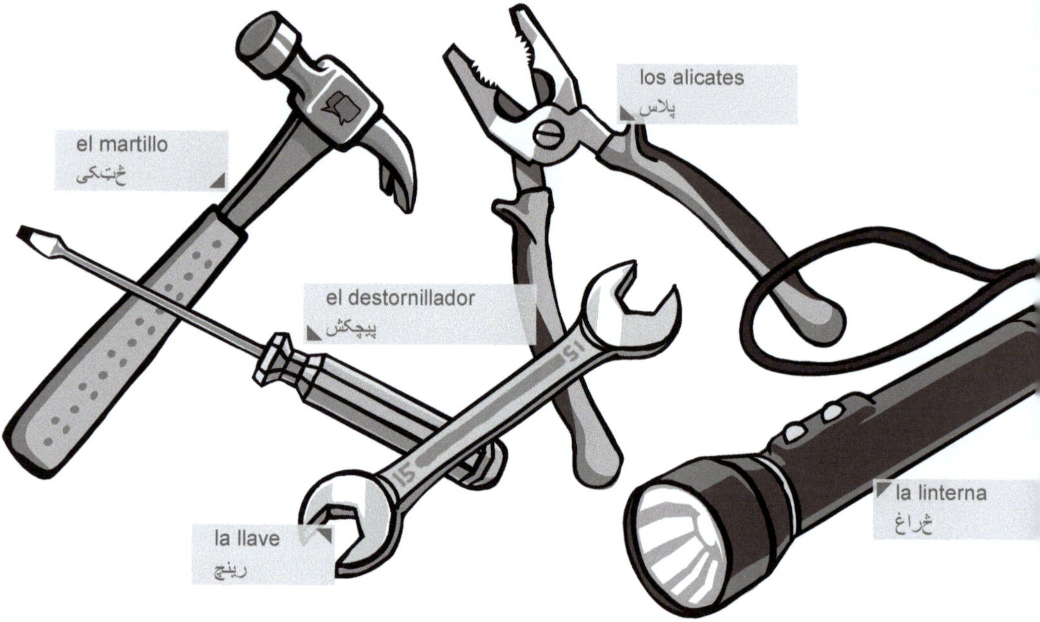
el martillo
څټکی
los alicates
پلاس
el destornillador
پیچکش
la llave
رینچ
la linterna
څراغ

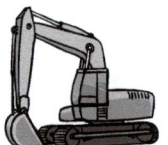

la excavadora

....

کنستونکی

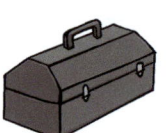

la caja de herramientas

....

د لوازمو بکس

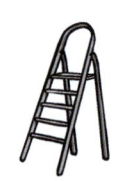

la escalera de mano

....

زینه

la sierra

....

اره

los clavos

....

میخونه

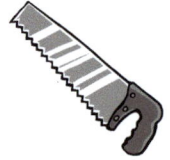

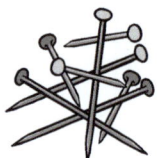

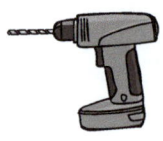

el taladro

....

برمه

reparar

ترميم کول

la pala

بیل

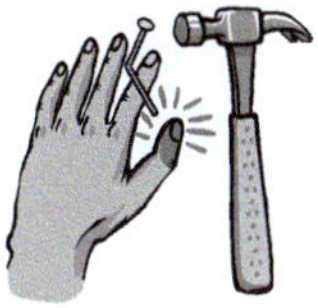

¡Maldita sea!

لعنت!

el recogedor

خاک انداز

el bote de pintura

مشوانۍ

los tornillos

پیچونه

los instrumentos musicales

د میوزیک آلات

el altavoz
لاوډ سپیکر

la batería
درم سیټ

la guitarra
ګیتار

el contrabajo
کنټرباس

la trompeta
ترومپیټ

el piano

پيانو

el violín

وايلن

bajo

باس

los timbales

نغاره

el tambor

ډرمونه

el teclado

کي بورد

el saxofón

سيکسافون

la flauta

شپيلى

el micrófono

مايکروفون

el zoo

ژوبڼ

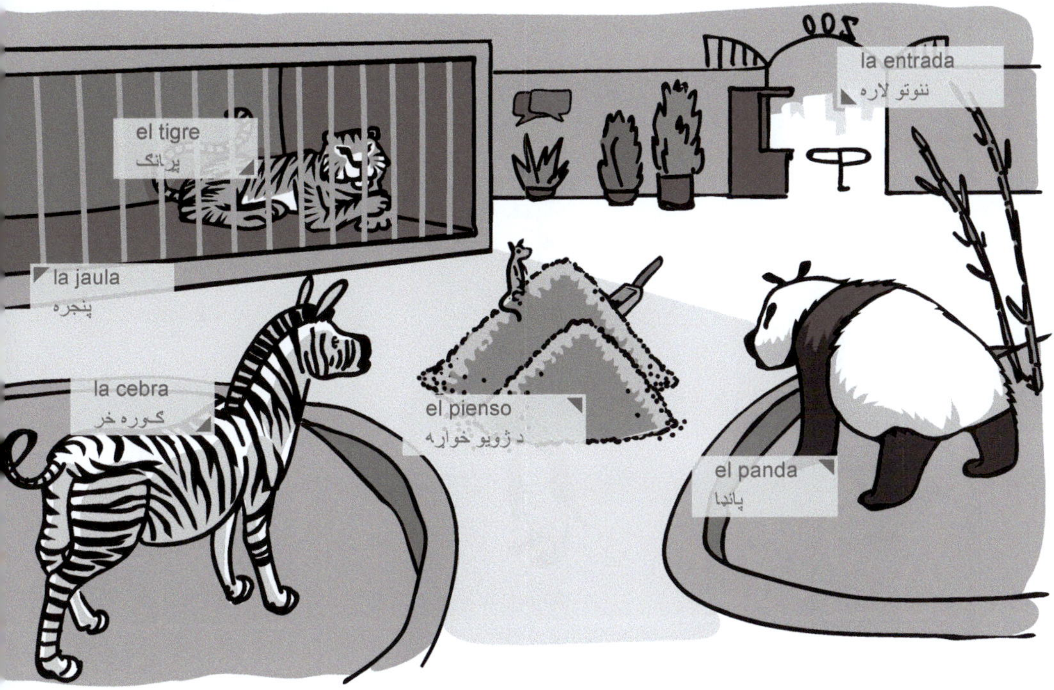

la entrada
ننوتو لاره
el tigre
پړانګ
la jaula
پنجره
la cebra
ګوره خر
el pienso
د ژويو خواړه
el panda
پانډا

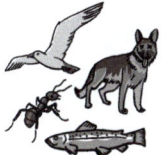

los animales

ژوی

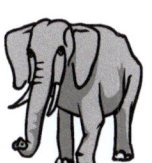

el elefante

هاتي

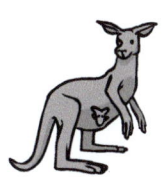

el canguro

کنګرو

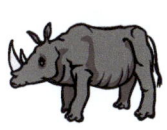

el rinoceronte

د اوبو اسپ

el gorila

ګوریلا

el oso

ایږه

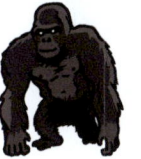

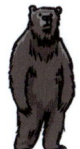

el camello

اوبن

el avestruz

شترمرغ

el león

زمرى

el mono

بيزو

el flamingo

غزى

el loro

طوطي

el oso polar

قطبي ايره

el pingüino

پینگوین

el tiburón

شارک

el pavo real

طاوس

la serpiente

مار

el cocodrilo

تمساح

el guardián de zoológico

ژوبن ساتونکی

la foca

سيل

el jaguar

جگوار

el poni

يابو

el leopardo

پرانگ

el hipopótamo

هيپو

la jirafa

زرافه

el águila

باز

el jabalí

نرخوک

el pescado

کب

la tortuga

شمشتی

la morsa

سمندري نولی

el zorro

گيدړه

la gacela

هوسی

el fútbol americano
امریکایی فټبال

el ciclismo
سایکل چلول

el tenis
ټېنیس

el baloncesto
باسکیټبال

la natación
لامبو

el boxeo
باکسینګ

el hockey sobre hielo
د کنګل هاکي

el fútbol
....
فټبال

el bádminton
....
کسیزه

el atletismo
....
د خغاستی لوبی

el balonmano
....
د هندبال

el esquí
....
سکي

el polo
....
پولو

las actividades
فعاليتونه

reír
خندل
saltar
ټوپ وهل
abrazar
غاړه ورکول
caminar
ګرځېدل
cantar
سندرې ويل
soñar
خوب ليدل
rezar
عبادت کول
besar
مچو کول

escribir

ليکل

dibujar

کښل

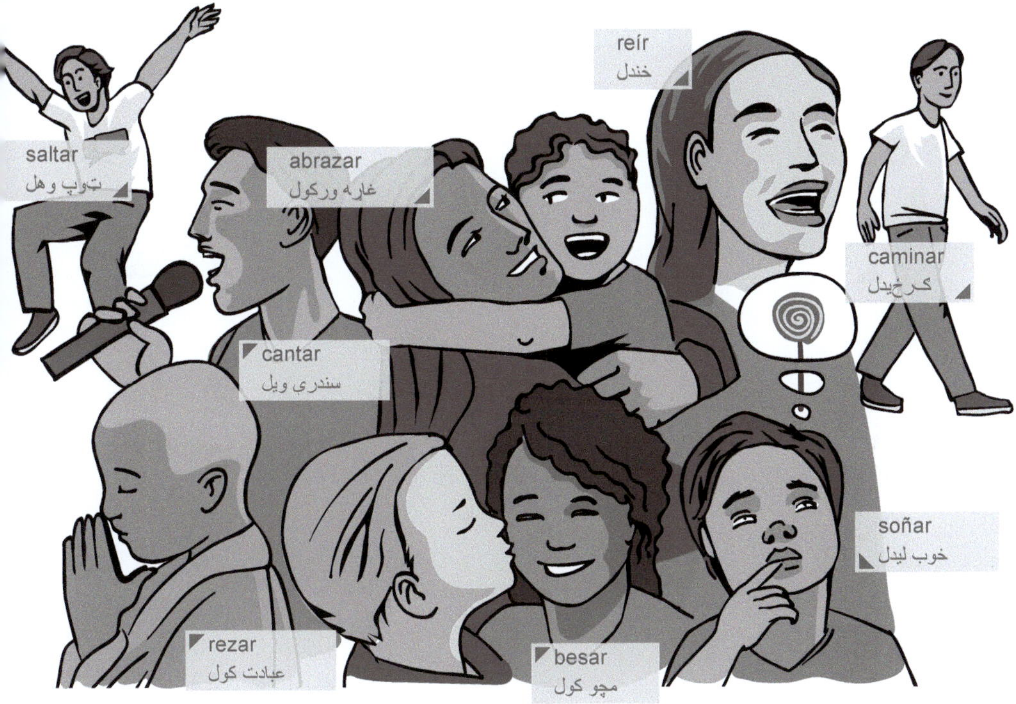

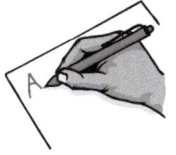

mostrar

ښودل

empujar

ټېله کول

dar

ورکول

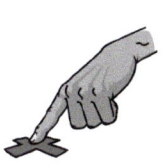

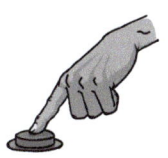

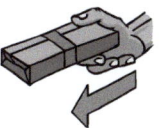

tomar

اخيستل

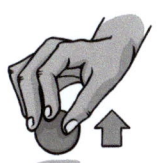

tener

درلودل

hacer

کول

ser

پاييدل

estar de pie

ودريدل

correr

منډي وهل

tirar

راکښل

tirar

ګوزارل

caer

لويدل

yacer

څملاستل

esperar

انتظار کول

llevar

وړل

estar sentado

کښيناستل

vestirse

پوښاک اغوستل

dormir

ويده کيدل

despertar

پاڅيدل

mirar

کتل

llorar

ژړل

acariciar

بريد کول

peinar

ګمنځ کول

hablar

خبري کول

entender

پوهيدل

preguntar

غوښتل

escuchar

اوريدل

beber

څښل

comer

خورل

ordenar

پاکول

amar

مينه کول

cocinar

پخلی کول

conducir

موټر چلول

volar

الوتل

navegar

بېرۍ چلول

calcular

حساب

leer

لوستل

aprender

زده کول

trabajar

کار کول

casarse

واده کول

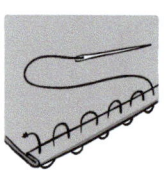

coser

ګنډل

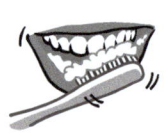

cepillarse los dientes

د غاښونو برس کول

matar

وژل

fumar

سګرېټ څکښل

enviar

لېږل

la familia

کورنۍ

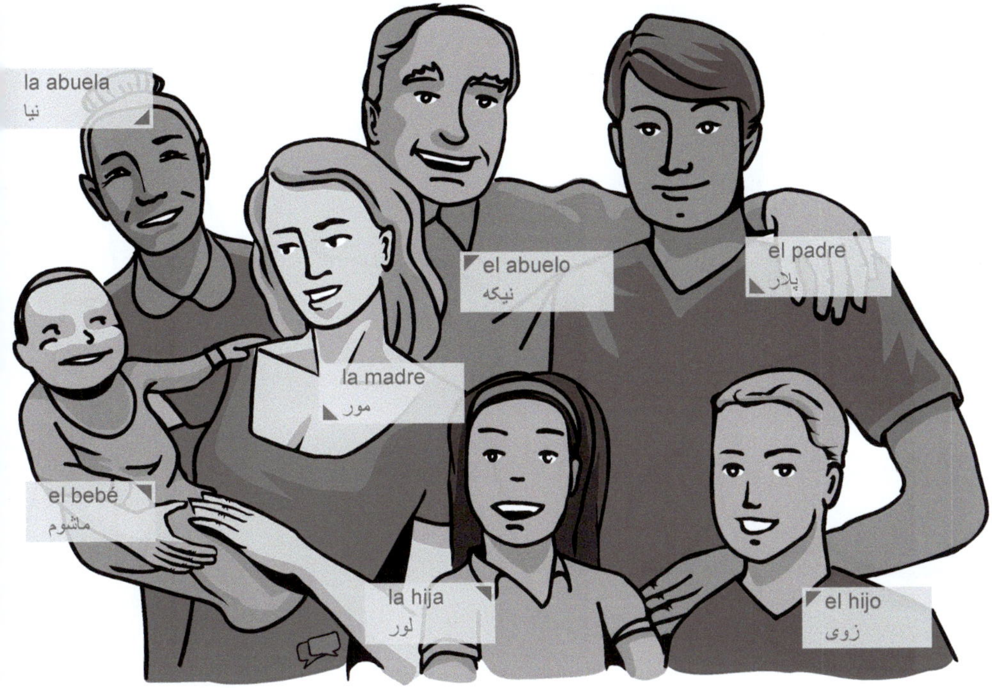

la abuela
نیا
el abuelo
نیکه
el padre
پلار
la madre
مور
el bebé
ماشوم
la hija
لور
el hijo
زوی

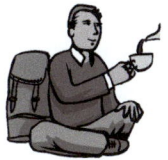

el invitado
میلمه

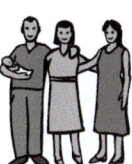

la tía
ترور

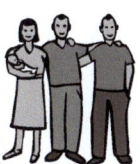

el tío
کاکا/ماما

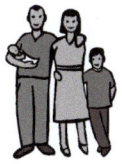

el hermano
ورور

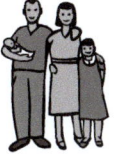

la hermana
خور

el cuerpo

بدن

la frente
تندی
el ojo
سترګي
el hombro
اوږه
el dedo
ګوته
la cara
مخ
la barbilla
زنه
la mano
لاس
la pierna
پښه
el pecho
سینه
el brazo
مټ

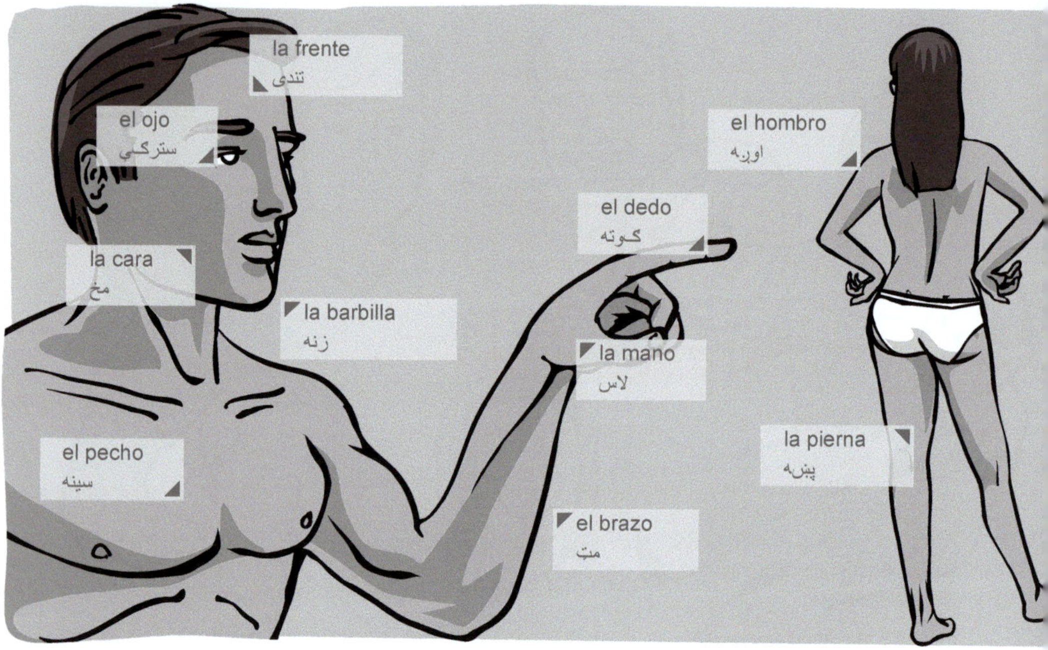

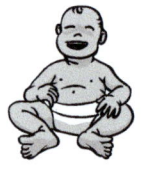

el bebé
ماشوم

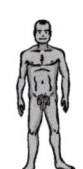

el hombre
سړی

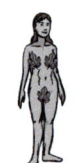

la mujer
ښځه

la chica
انجلۍ

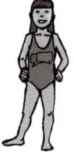

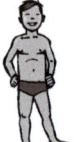

el chico
هلک

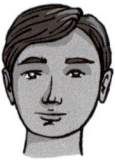

la cabeza
سر

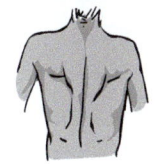

la espalda

شا

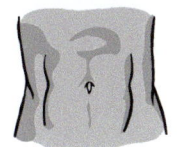

el vientre

خيټه

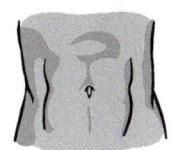

el ombligo

نوم

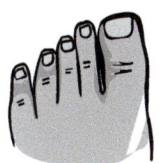

el dedo del pie

د پښې ګوته

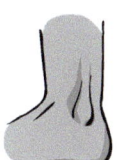

el talón

پونده

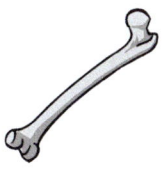

el hueso

هډوکی

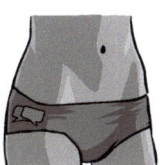

la cadera

كوناټی

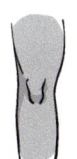

la rodilla

زنګون

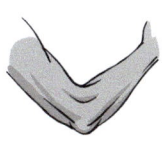

el codo

څنګل

la nariz

پوزه

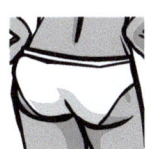

el trasero

لاندی برخه

la piel

پوټکی

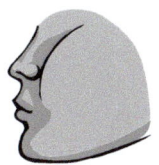

la mejilla

غومبوری

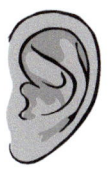

el oído

غوږ

el labio

شونډه

la boca

خوله

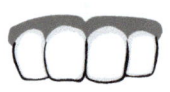

el diente

غاښ

la lengua

ژبه

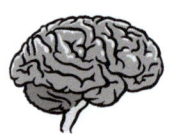

el cerebro

مغز

el corazón

زړه

el músculo

عضله

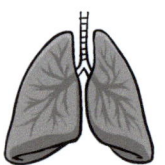

el pulmón

سږى

el hígado

ځيګر

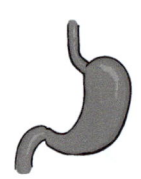

el estómago

معده

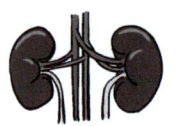

los riñones

پښتورګي

el sexo

جنسي نږدي والى

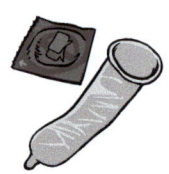

el condón

كاندوم

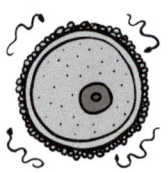

el ovario

تخمه

el semen

مني

el embarazo

حمل

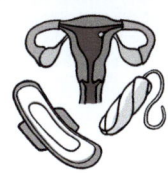

la menstruación

حيض

la vagina

مهبل

el pene

د نارينه تناسلي آله

la ceja

وروځی

el pelo

ویښته

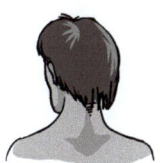

el cuello

غاړه

el hospital
روغتون

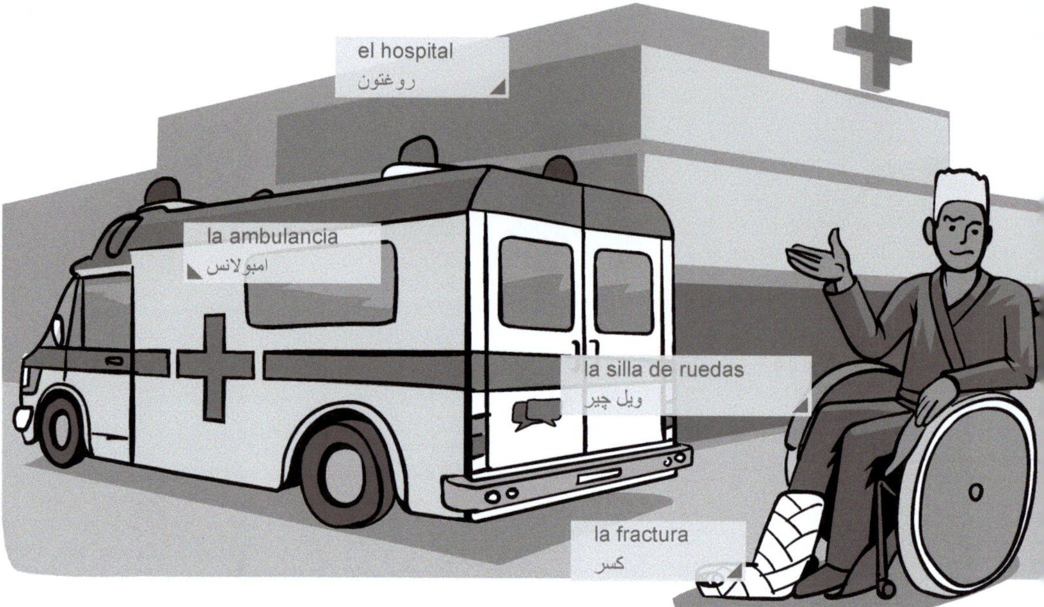

el hospital
روغتون
la ambulancia
امبولانس
la silla de ruedas
ویل چیر
la fractura
کسر

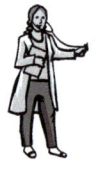

el médico

ډاکټر

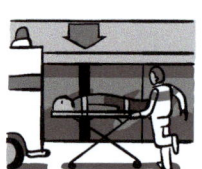

la sala de urgencias

عاجل خونه

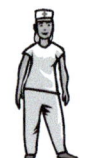

la enfermera

رنځورپال

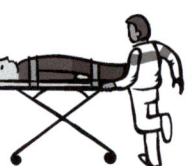

la urgencia

عاجل

inconsciente

بې هوش

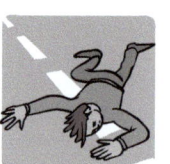

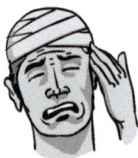

el dolor

درد

la lesión

ټپ

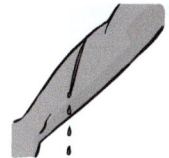

la hemorragia

وینه توېدل

el infarto

د زړه حمله

el ictus

ضرب

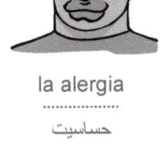

la alergia

حساسيت

la tos

ټوخى

la fiebre

تبه

la gripe

انفلوينزا

la diarrea

نس ناستى

el dolor de cabeza

سر درد

el cáncer

سرطان

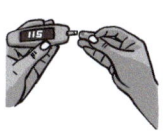

la diabetes

شكر

el cirujano

جراح

el bisturí

سكالپل

la operación

عمليات

TAC

سي‌پي‌ټي

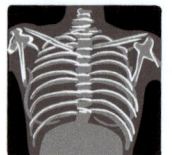

los rayos x

ايكس رى

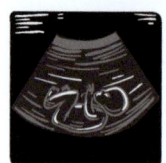

el ultrasonido

التراساوند

la mascarilla

د مخ ماسک

la enfermedad

ناروغي

la sala de espera

انتظار خونه

la muleta

امساآ

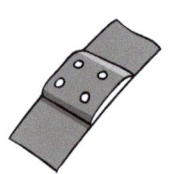

la tirita

پلستر

la venda

بنداژ

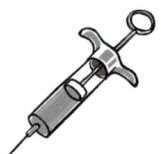

la inyección

تزريق

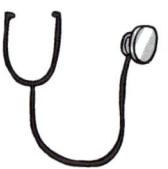

el estetoscopio

ستاتسکوپ

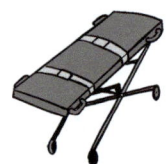

la camilla

تسکیره

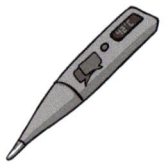

el termómetro

کلینکي ترماميتر

el nacimiento

زيږون

el sobrepeso

زيات وزن

el audífono

د اوريدو مرسته

el desinfectante

د عفونيت لُخه پاكونكي مواد

la infección

عفونيت

el virus

ويروس

VIH / SIDA

ایچ.آی.وی/ایدز

la medicina

درمل

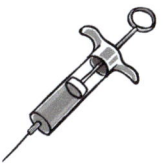

la vacunación

واكسين

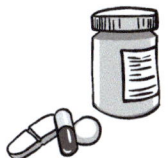

las tabletas

ټابليټس

la pastilla

ګولۍ

la llamada de urgencia

عاجل تليفون

el tensiómetro

د ويني د فشار ښارونكى

enfermo / sano

ناروغ/روغ

¡Socorro!

مرسته!

la alarma

الارم

el asalto

يرغل

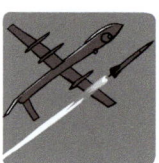

el ataque

بريد

el peligro

خطر

la salida de emergencia

عاجل لاره

¡Fuego!

اور!

el extintor de incendios

د اور وژونکی

el accidente

پيښه

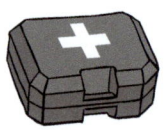

el botiquín de primeros auxilios

د لومړی مرستی لوازم

SOS

ايس.او.ايس

la policía

پوليس

Europa

اروپا

Norteamérica

شمالي امريکا

Sudamérica

سهيلي امريکا

África

افريقا

Asia

آسيا

Australia

آستِرليا

el atlántico

اتلانتيک

el Pacífico

پاسيفيک

el Océano Índico

د هند بحر

el Océano Antártico

جنوبي منجمد بحر

el Océano Ártico

د شمال قطب بحر

el polo norte

شمالي قطب

el polo sur

سهيلي قطب

La Antártida

انتاركتيكا

la tierra

خُمکه

la tierra

خُمکه

el mar

بحر

la isla

ټاپو

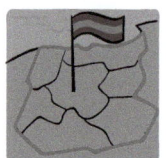

la nación

ملت

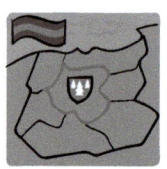

el estado

دولت

la esfera
....
د مخي ساعت

la manecilla de las horas
....
د ساعت ستنه

el minutero
....
د دقيقي ستنه

el segundero
....
د ثانيى ستنه

¿Qué hora es?
....
څه وخت دى؟

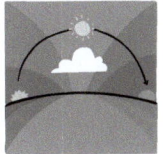

el día
....
ورځ

el tiempo
....
وخت

ahora
....
اوس

el reloj digital
....
ديجيتل ساعت

el minuto
....
دقيقه

la hora
....
ساعت

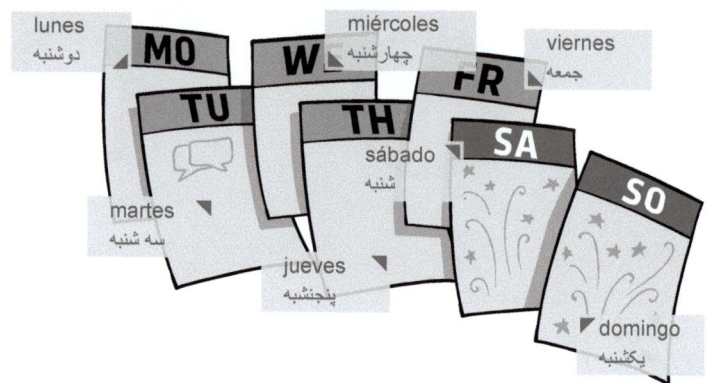

lunes دوشنبه
martes سه شنبه
miércoles چهارشنبه
jueves پنجشنبه
viernes جمعه
sábado شنبه
domingo یکشنبه

ayer
....
پرون

hoy
....
نن

mañana
....
سبا

la mañana
....
سهار

el mediodía
....
غرمه

la tarde
....
ماښام

los días laborables
....
كاري ورځي

el fin de semana
....
د اونۍ پای

el año
کال

la lluvia
باران
el arcoíris
رنګين کمان
la nieve
واوره
el viento
باد
la primavera
پسرلی
el otoño
منی
el verano
اوړی
el invierno
ژمی

4.APRIL 11°
5.APRIL 4°
6.APRIL 13°
7.APRIL 8°
8.APRIL 10°

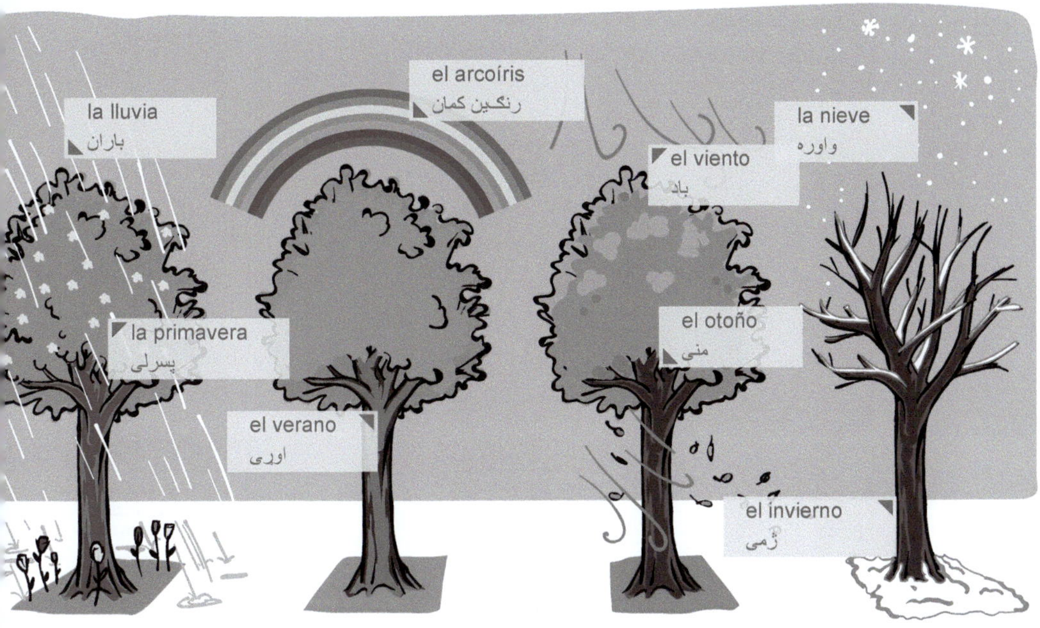

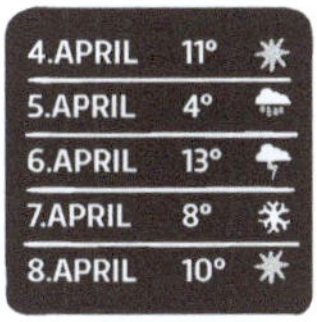

el pronóstico del tiempo

د موسم وړاندوینه

F C
120 40
90 30
60 20
30 10
0 0
-30 -10
-20

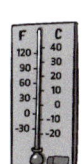

el termómetro

ترمومیټر

el sol

د لمر وړانګې

la nube

وریځ

la niebla

لړه

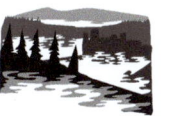

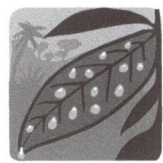

la humedad

رطوبت

el rayo

رنا

el trueno

تندر

la tormenta

توفان

el granizo

ڑلی وریڈل

el monzón

مون سون باران

la inundación

سیلاب

el hielo

یخ

enero

جنوري

febrero

فبروري

marzo

مارچ

abril

اپرہل

mayo

می

junio

جون

julio

جولاى

agosto

اکست

septiembre

سپتمبر

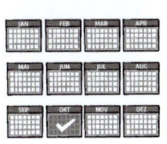

octubre

اکتوبر

noviembre

نومبر

diciembre

دسمبر

las formas

شکلونه

el círculo

دایره

el cuadrado

مربع

el rectángulo

مستطیل

el triángulo

مثلث

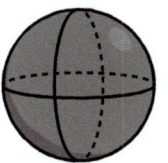

la esfera

توپ

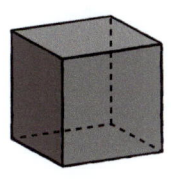

el cubo

فال

blanco

سپين

amarillo

ژیر

anaranjado

نارنجي

rosa

ګلابي

rojo

سور

morado

ارغواني

azul

نيلي

verde

شين

marrón

نسواري

gris

خړ

negro

تور

mucho / poco

خورا ډېر/خورا لږ

enojado / tranquilo

قار/ارام

bonito / feo

ښکلی/بدشکله

principio / fin

پیل/پای

grande / pequeño

لوی/کوچنی

claro / oscuro

روښانه/تیاره

el hermano / la hermana

ورور/خور

limpio / sucio

پاک/ککر

completo / incompleto

مکمل/نامکمل

el día / la noche

ورځ/شپه

muerto / vivo

مړ/ژوندی

ancho / estrecho

پراخه/نری

comestible / no comestible

د خوراک ور/نه خورل کیدونکی

malo / amable

بد/مهربان

entusiasmado / aburrido

پاریدلی/بی خونده

gordo / delgado

چاق/وچ

primero / último

لومړی/وروستی

el amigo / el enemigo

ملګری/دښمن

lleno / vacío

ډک/تش

duro / blando

سخت/نرم

pesado / ligero

درون/سپک

el hambre / la sed

لوږه/تنده

enfermo / sano

ناروغ/روغ

ilegal / legal

غیرقانونی/قانونی

inteligente / tonto

هوښیار/ساده

izquierda / derecha

کیڼ/ښیي

cerca / lejos

نږدې/لرې

nuevo / usado

نوی/زور

nada / algo

هیڅ/یوخه

viejo / joven

بډا/ځوان

encendido / apagado

چالان/بند

abierto / cerrado

خلاص/ترلی

silencioso / ruidoso

غلی/لور غږ

rico / pobre

بډایه/غریب

correcto / incorrecto

صحیح/غلط

áspero / suave

زبر/ملایم

triste / contento

خفه/خوښ

corto / largo

لنډ/اوږد

lento / rápido

سست/ګړندی

húmedo / seco

لوند/وچ

cálido / frío

ګرم/یخ

guerra / paz

جګړه/سوله

0

cero

صفر

1

uno

يو

2

dos

دوه

3

tres

دري

4

cuatro

څلور

5

cinco

پنځه

6

seis

شپږ

7

siete

اوه

8

ocho

اته

9

nueve

نهه

10

diez

لس

11

once

يولس

12

doce

دولس

13

trece

ديارلس

14

catorce

ڤوارلس

15

quince

پنځلس

16

dieciséis

شپارس

17

diecisiete

وولس

18

dieciocho

اتلس

19

diecinueve

نولس

20

veinte

شل

100

cien

سل

1.000

mil

زر

1.000.000

el millón

ميليون

el inglés

انگلسي

el inglés americano

امريكايى انگلسي

el chino madarín

چينايى مندرين

el hindi

هندي

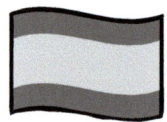

el español

هسپانوي

el francés

فرانسوي

el árabe

عربي

el ruso

روسي

el portugués

پرتگالي

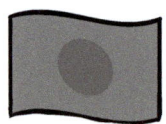

el bengalí

بنگالي

el alemán

آلماني

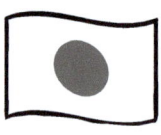

el japonés

جاپاني

yo

زه

tú

ته

él / ella / ello

هغه/دغه/دا

nosotros/as

مورږ

vosotros/as

تاسي

ellos/as

دوی/هغوی

¿quién?

څوک؟

¿qué?

څه؟

¿cómo?

څنګه؟

¿dónde?

چيري؟

¿cuándo?

کله؟

el nombre

نوم

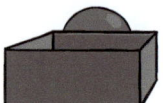

detrás

شاته

en

پـه

delante de

پـه مخـه کـي

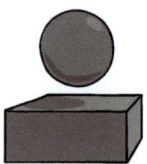

por encima de

باندی

sobre

پـه

debajo de

لاندی

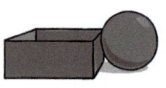

junto a

برسیره پر

entre

ترمینځ

el lugar

ځای